Felix Mendelssohn-Bartholdy
(1809–1847)

Lieder ohne Worte
Songs without Words
Romances sans paroles

I

für Klavier · for piano · pour piano

Urtext

Herausgegeben von · Edited by · Edité par
István Máriássy
K 127
Könemann Music Budapest

INDEX

I

6 Lieder ohne Worte, Op. 19B

6 Lieder ohne Worte, Op. 30

Andante grazioso
5.
43
Venetianisches Gondellied
Allegretto tranquillo
6.
p
p cantabile
46
Appendix 1
Op. 30, No. 4, Version of E
Agitato e con fuoco
p
sf
48
6 Lieder ohne Worte, Op. 38
Con moto
cantabile
1.
p
56
Allegro non troppo
2.
mf
60
Presto e molto vivace
cantabile
3.
p
p
63
Andante
4.
pp
f
dim.
70
Agitato
5.
p
sf
72
Duett ohne Worte
Andante con moto
6.
p
77
Appendix 2
Lied ohne Worte, Op. 38, No. 2, Variant of AU2
Con moto
p
82
Lied ohne Worte, Op. 38, No. 5, Variant of AU5
Allegro agitato
p
sf
86

II

6 Lieder ohne Worte, Op. 53
Andante con moto
1.
p
10
Allegro non troppo
sehr innig
f
3
2.
sf
14
Presto agitato
f
3.
f
18
Adagio
p
cantabile
4.
mf
24
Volkslied
Allegro con fuoco
5.
p
26
Molto allegro vivace
6.
f
fp
sf
30
Appendix 1
Abendlied, Op. 53, No. 4, Version of AU4/II
Adagio
p
cantabile
36
6 Lieder ohne Worte, Op. 62
Andante espressivo
1.
p
sf cresc.
39
Allegro con fuoco
2.
p
sf
ff
42
Andante maestoso
3.
3
f
tranquillo e legato
mf
sf
46
Allegro con anima
4.
mf
Mit vieler Innigkeit vorzutragen
mf
48

Venetianisches Gondellied
Andante con moto
5.
pp
pp
50
Frühlingslied
Allegretto grazioso
6.
p
53
Appendix 2
Lied ohne Worte, Op. 62, No. 1, Version of AU1/I
57
Lied ohne Worte, Op. 62, No. 2, Version of AU2/I
Allegro con fuoco
mf
ff
60
Lied ohne Worte, Op. 62, No. 2, Version of AU2/II
Allegro con fuoco
p
ff
64
Lied ohne Worte, Op. 62, No. 3, Version of AU3/I
3
3
p
mf
68
Lied ohne Worte, Op. 62, No. 3, Version of AU3/III
Andante maestoso
3
ff
p
sf
70
Gondellied, Op. 62, No. 5, Version of AU5/I
Andante
p
72
6 Lieder ohne Worte, Op. 67
Andante
1.
p
74
Allegro leggiero
cantabile
2.
p
p
78
Andante tranquillo
3.
p
82

Presto
4.
p
sf
cresc.
84
Moderato
5.
p
90
Allegretto non troppo
6.
(p)
92
Appendix 3
Lied ohne Worte, Op. 67, No. 1, Version of AU1/I
Andante
p
96
Lied ohne Worte, Op. 67, No. 2, Frühfassung
Allegro di molto
100
III
6 Lieder ohne Worte, Op. post. 85
Andante espressivo
1.
mf
mp
9
Allegro agitato
2.
p
12
Presto
3.
f
sf
14
Andante sostenuto
4.
p
18
Allegretto
5.
sf
f
sf
sf
mf
f
22
Allegretto con moto
sempre cantabile
6.
p
24

Appendix 1

Lied ohne Worte, Op. 85, No. 1, Variant of C4 & C5

Andante 27

Lied ohne Worte, Op. 85, No. 2, Variant of AU2

Allegro di molto 30

Lied ohne Worte, Op. 85, No. 2, Variant of C4 & C5

Allegro agitato 32

Lied ohne Worte, Op. 85, No. 3, Variant of AU3/II

Molto allegro 34

Lied ohne Worte, Op. 85, No. 4, Variant of AU4/I

Andante 38

Lied ohne Worte, Op. 85, No. 6, Variant of AU6/I

Andante quasi Allegretto

assai leggiero 41

6 Lieder ohne Worte, Op. post. 102

1. **Andante, un poco agitato** *cresc.* 46

2. **Andante** 50

Kinderstück

3. **Presto** 52

4. **Andante un poco agitato** 55

Kinderstück

5. **Allegro vivace** 58

6. **Andante** 62

Appendix 2

11 Lieder ohne Worte

6 Lieder ohne Worte

[Heft I], Op. 19B

First Publication: London, 1832

Op. 19B, No. 1

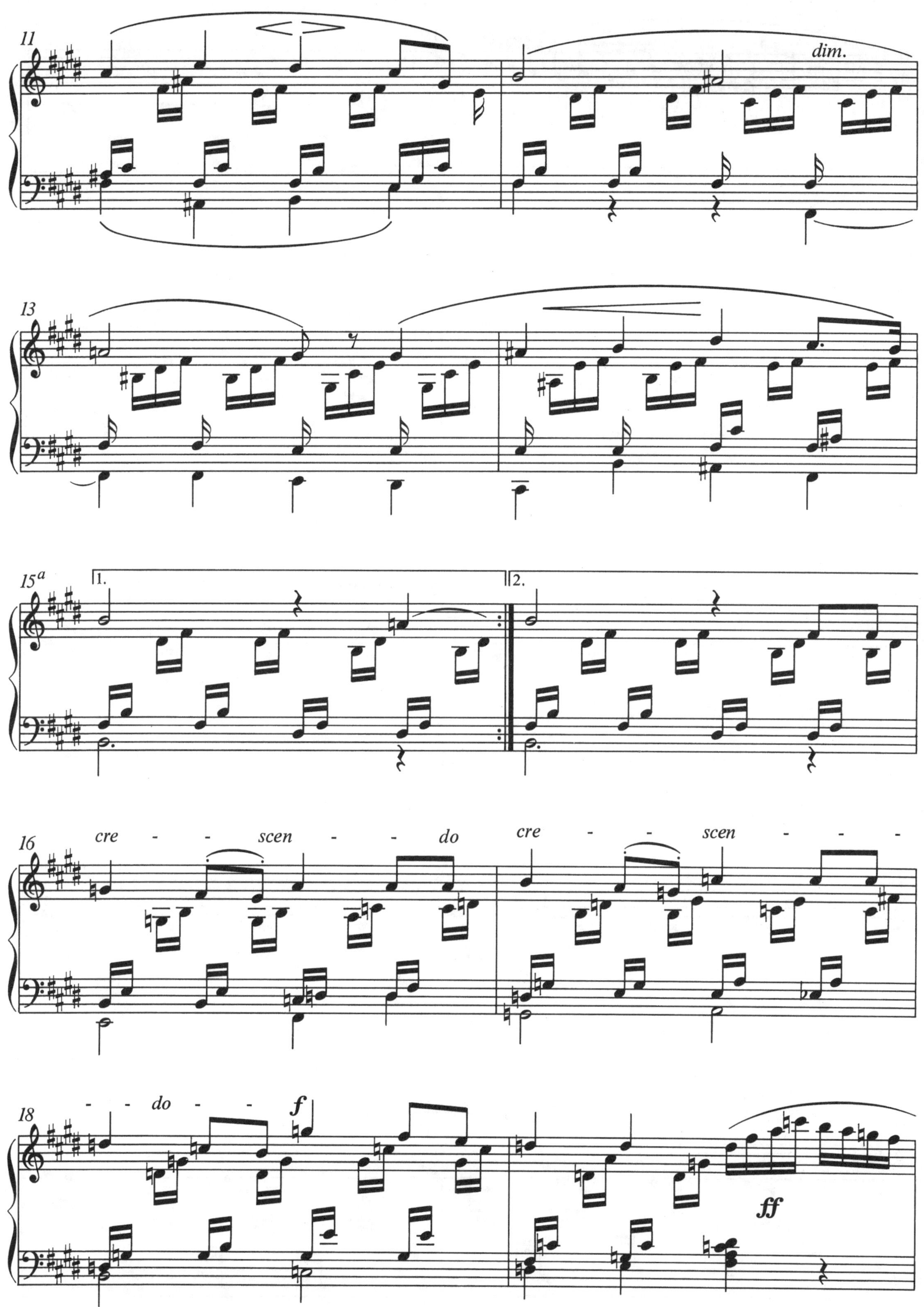
11
dim.
13
15a
1.
2.
16
cre - - scen - - do
cre - - scen - - -
18
- - do - - f
ff

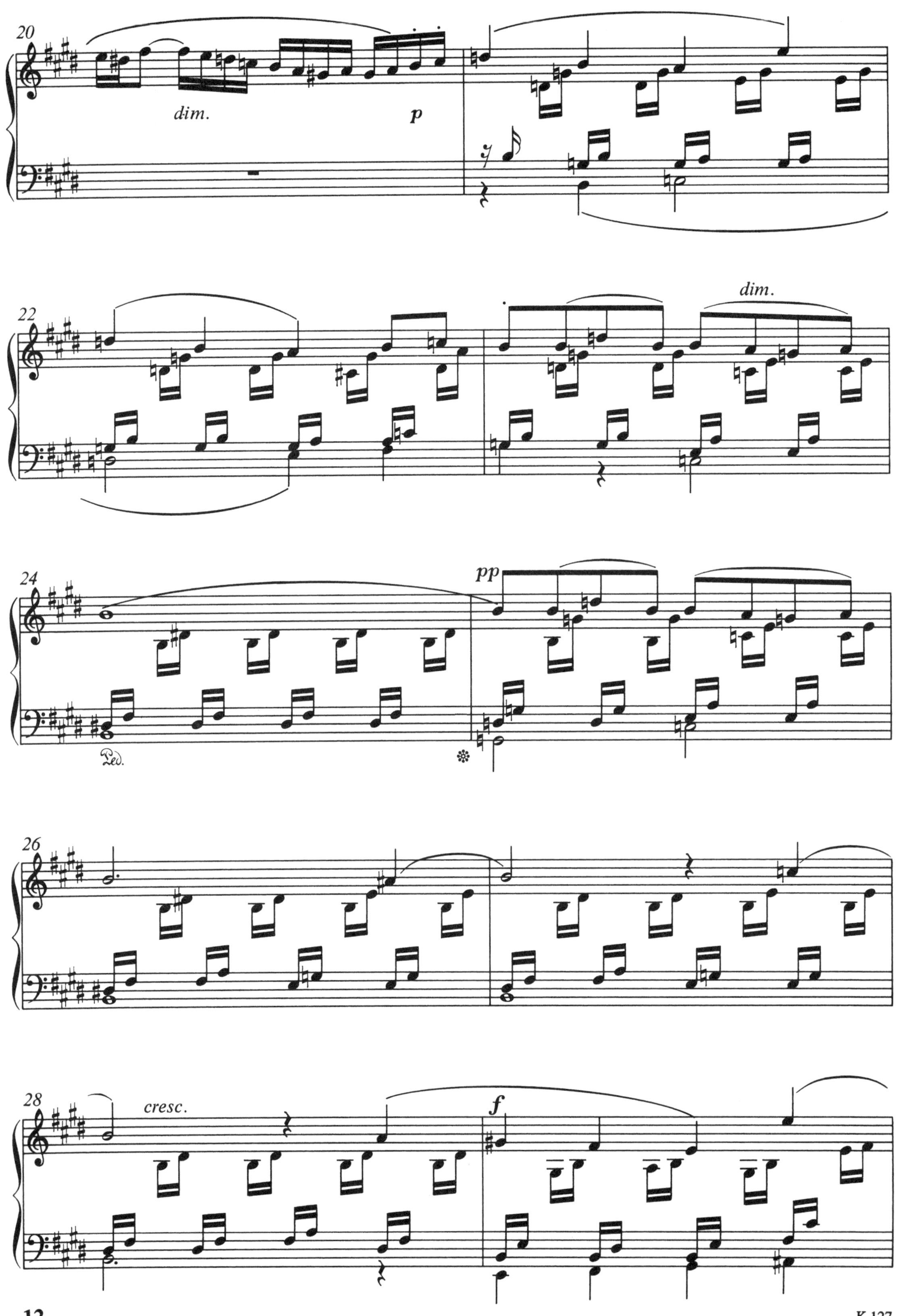
20
dim.
p
22
dim.
24
pp
Ped.
26
28
cresc.
f

30
f
32
dim.
p
34
cresc.
36
cresc.
38
f

40
dim.
42
44
dim.
46
pp
48

Andante espressivo
Op. 19B, No. 2
2.
mf
sf
p
6
sf
12
18
sf
24
p

30
cre
scen
36
do
f
dim.
42
sf
p
48
p
cresc.
sf
p
54
mf
cresc.

60
dim.
66
p
dim.
72
dim.
pp
p
78
cresc.
sf
dim.
84
sf
sf
dim.
al
pp

Op. 19B, No. 3

 K 127

30
ff
ff
34
f
39
f
44
ff
ff
Ped.
49
ff
sf
dim.
sf
p
sempre Ped.
54
f
p
Ped.

59
sf
cresc.
sf
f
64
f
p
69
cre
scen
do
f
74
cresc.
ff
78
ff
Ped.
81
sf
ff
Ped.

84
8
dim.
sempre Ped.

87
8
dim.
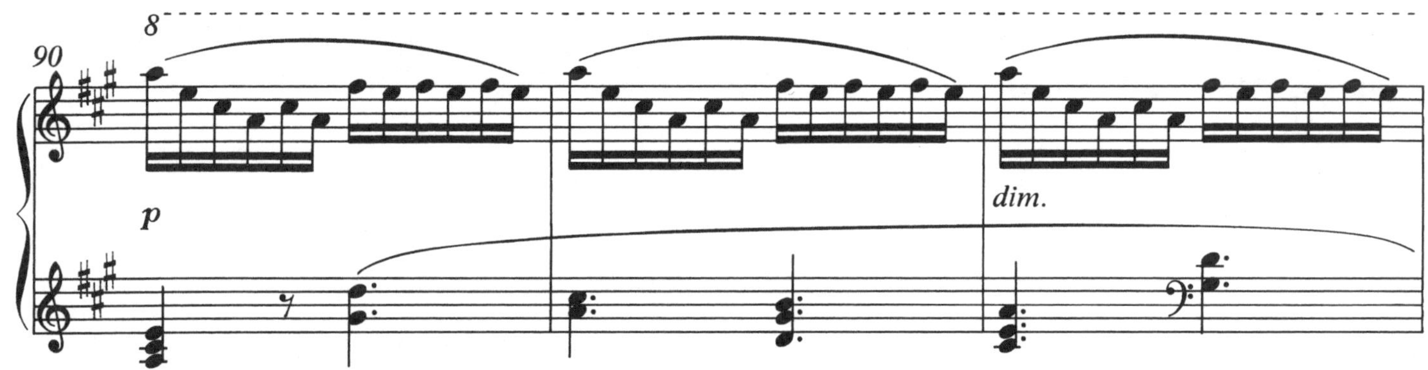
90
8
p
dim.

93
8
sempre Ped.

96
8
pp
sf
sempre Ped.

Op. 19B, No. 4

14
18
sf
p
cresc.
22
cresc.
al
ff
dim.
ritard.
p
26
a tempo
pp
28
p
Ped.

Op. 19B, No. 5
5.
Piano agitato
cresc.
dim.

16
mf
cresc.
p
cantabile
19
22
pp
cresc.
25
f
sf
28
dim.
p
p
31
dim.
pp

34
p
sf
36
pp
pp
cresc.
39
sf
p
42
cresc.
cresc.
45
agitato sempre crescendo

cresc.
tranquillo
cantabile
dolce

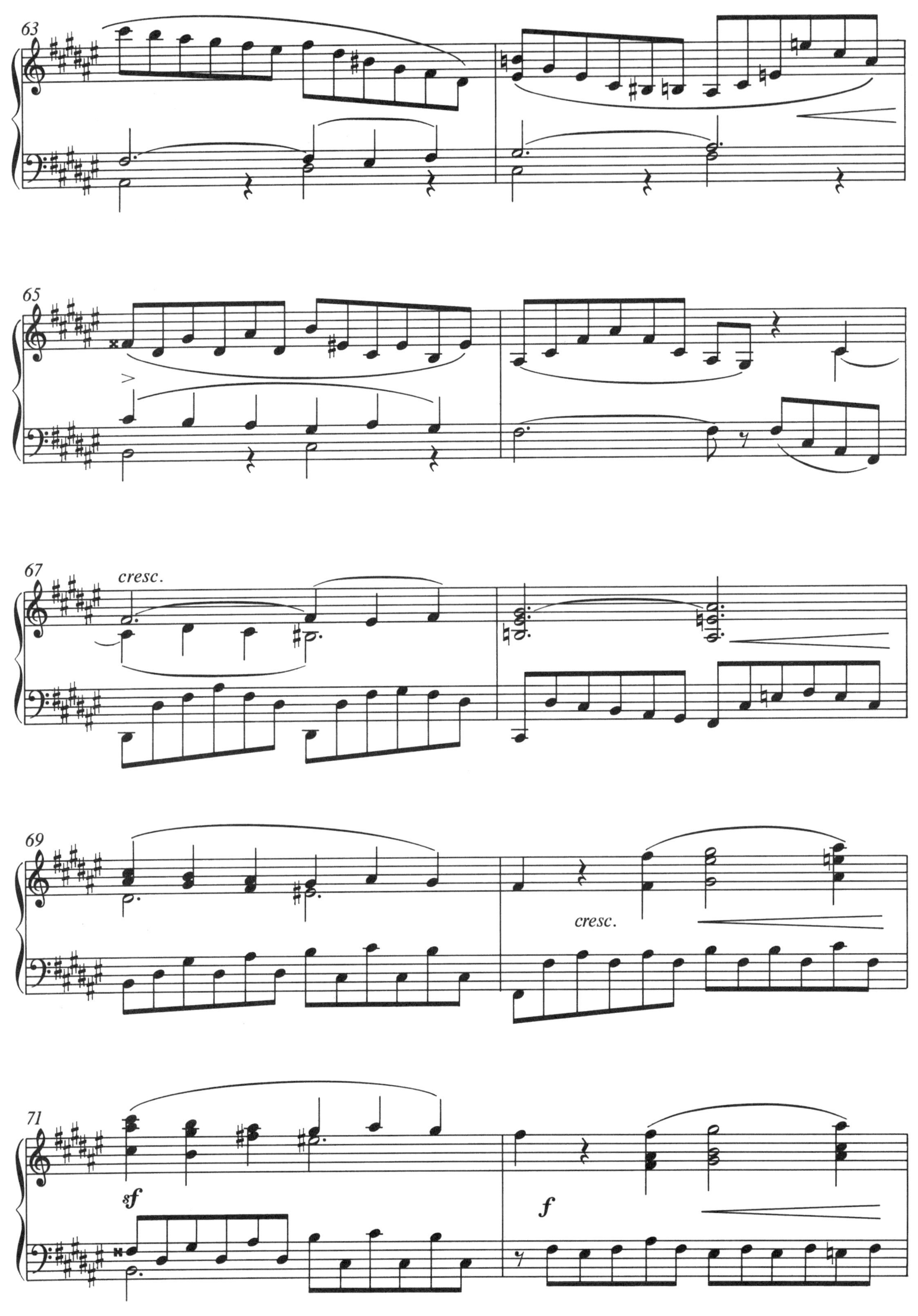
63
65
67
cresc.
69
cresc.
71
sf
f

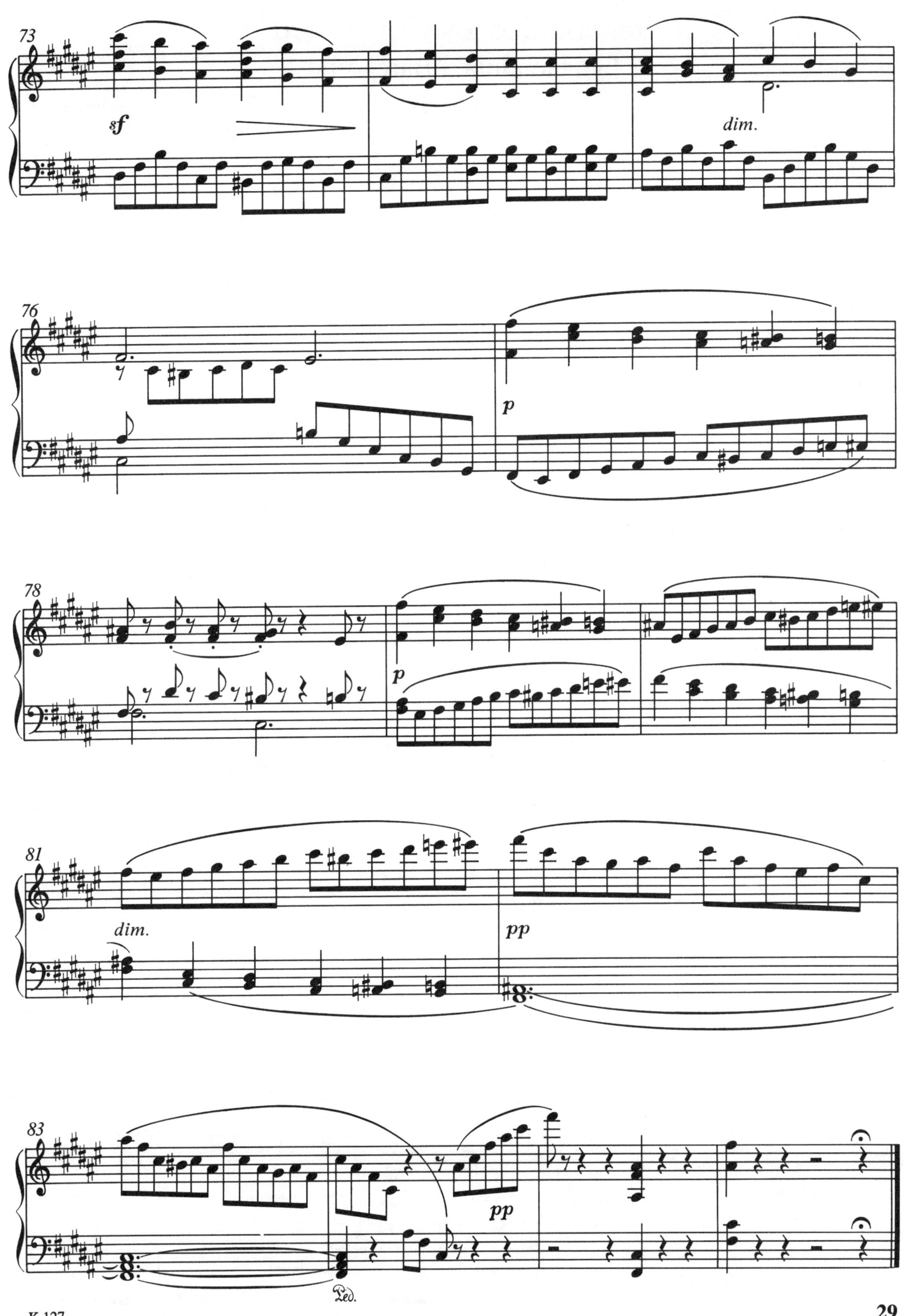
73
sf
dim.
76
p
78
p
81
dim.
pp
83
pp
Ped.

Venetianisches Gondellied

In a Gondola – Barcarolle

22
pp
Ped.
p
27
sf
32
dim.
p
mf
dimi-
Ped.
sempre Ped.
37
nuendo
pp
42

Elise von Woringen zugeeignet

6 Lieder ohne Worte

Heft II, Op. 30

First publication: Bonn, 1835

Andante espressivo Op. 30, No. 1

18
sf
dim.
p
sf
cresc.
21
sf
f sf
dim.
espressivo
25
cresc.
f
sf
espressivo
sf
28
dim.
p
1.
p
30b
2.
33
cresc.
mf
cresc.
f
dim.
36
p

Allegro di molto
Op. 30, No. 2
2.
p
dim.
5
cresc.
f
sf
sf
p
cresc.
11
f
sf
f
sf
sf
dim.
1.
p
18b
2.
p
cresc.
24
sf
cresc. - - - - al - -
sf
f
sf
30
sf
ri - tar - dan - do
a tempo
diminuendo
p

36
sf
cresc.
f
dim.
42
sf
p
f
sf
sf
48
f
sf
dim.
p
p
55
cre
scen
60
do
al
sf
f
sf
f
65
f
ri - tar - dan - do
a tempo
dim.
p

71
sf cresc.
dim.
f
77
sf
p
ri - tard. e cresc. - - - al
83
sf
f
a tempo
crescendo
ff
89
p
cresc.
p
95
molto crescendo
f
sf
con fuoco
101
sf
Ped.

Op. 30, No. 3
Adagio non troppo
3.
Ped.
mf
sf p
mf
sf
p
cre - scen - - do
sf
sf
p
p
p
f sf
f sf
p tranquillo
Ped.

Op. 30, No. 4

Agitato e con fuoco
4.
p
6
sf
12
f
sf
18
p
cre - - - - scen - - - - - do - - - - - - - - al
24
ff
con forza
sf
Ped.

30
dim.
p
1.
[p]
34b
2.
p
cresc.
sf
p
40
f
cresc.
sf
46
f
sf
cresc.
52
sf
sf
sf
sf
dim.
58
p
sf

63
sf
p
cresc.
f
69
p
dim.
75
cresc.
più f
f
80
sf
sf più f
85
sf
crescendo
al

con forza
91
ff
Ped.
Ped.
96
dim.
p
101
p
agitato
sf
107
sf
f
sf
113
sf
f

119
ff
sf
ff
124
ff
ff
ff
129
p
p
f
135
dim.
cresc.
140
f
dim.
p

Op. 30, No. 5

Andante grazioso
Il Basso sempre piano e leggierissimo
5.
sf
p
pp

13
cresc.
cresc.
15
mf
18
cresc.
f
21
sf
f
sf
cresc.
f
dim.
24
p
27
sf

30
p
33
sf
cresc.
sf
36
sf
p
dolce
39
41
p
44
dim.
pp

Venetianisches Gondellied

Barcarolle

26
più f
Ped.
sf
ff
31
dim.
tr
pp
36
dim.
p
41
p
cresc.
al
f
46
tr
sf
dim.
p
cresc.
al
f
dim.
51
sf
p
dim.
pp

Lied ohne Worte, Op. 30, No. 4. Version of AU4.
SBPK, Mus. ms. autogr. F. Mendelssohn Bartholdy 28, pp. 151–152.

Düsseldorf d. 30 Januar. 34.

Appendix 1

Op. 30, No. 4
Version of E

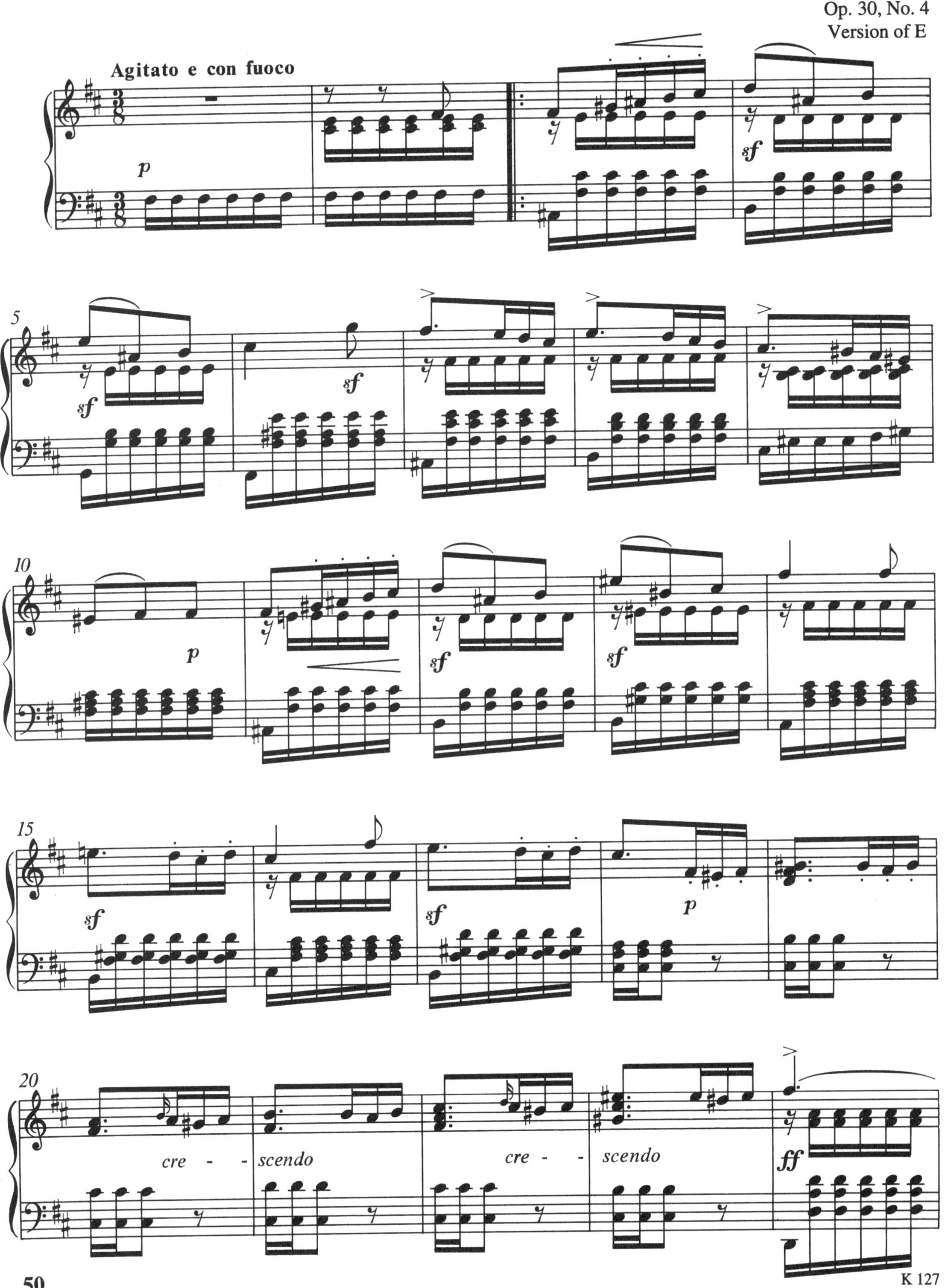

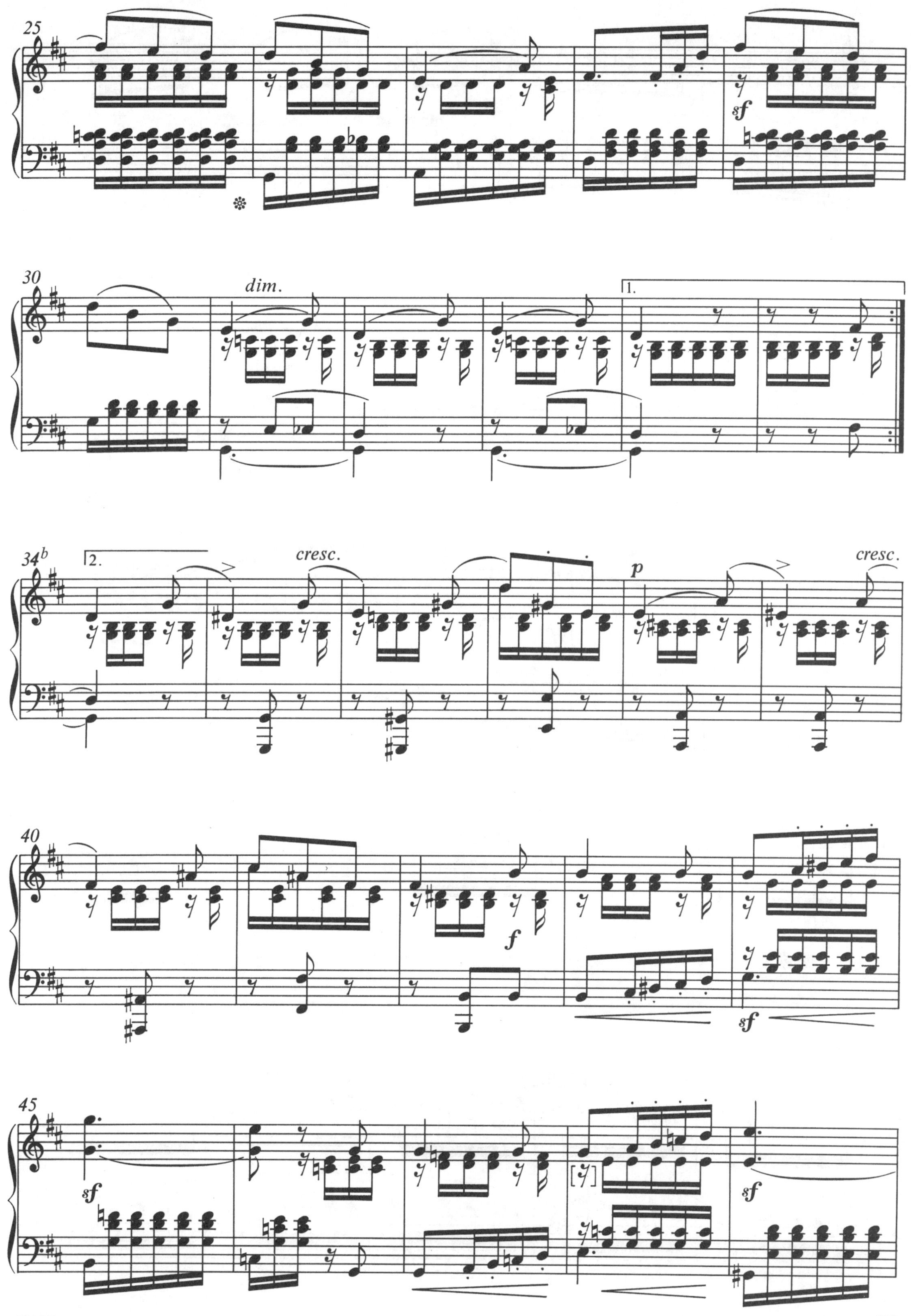
25
30
dim.
1.
34b
2.
cresc.
p
cresc.
40
f
sf
45
sf
sf

50
f
sf
sf
55
dim.
p
dim.
61
cresc.
f
sf
f
66
ff
sf
ff
sf
p
71
cresc.
f

76
dim.
p
81
cresc.
f
86
più f
91
sempre più f
cresc.
96
al
ff
Ped.

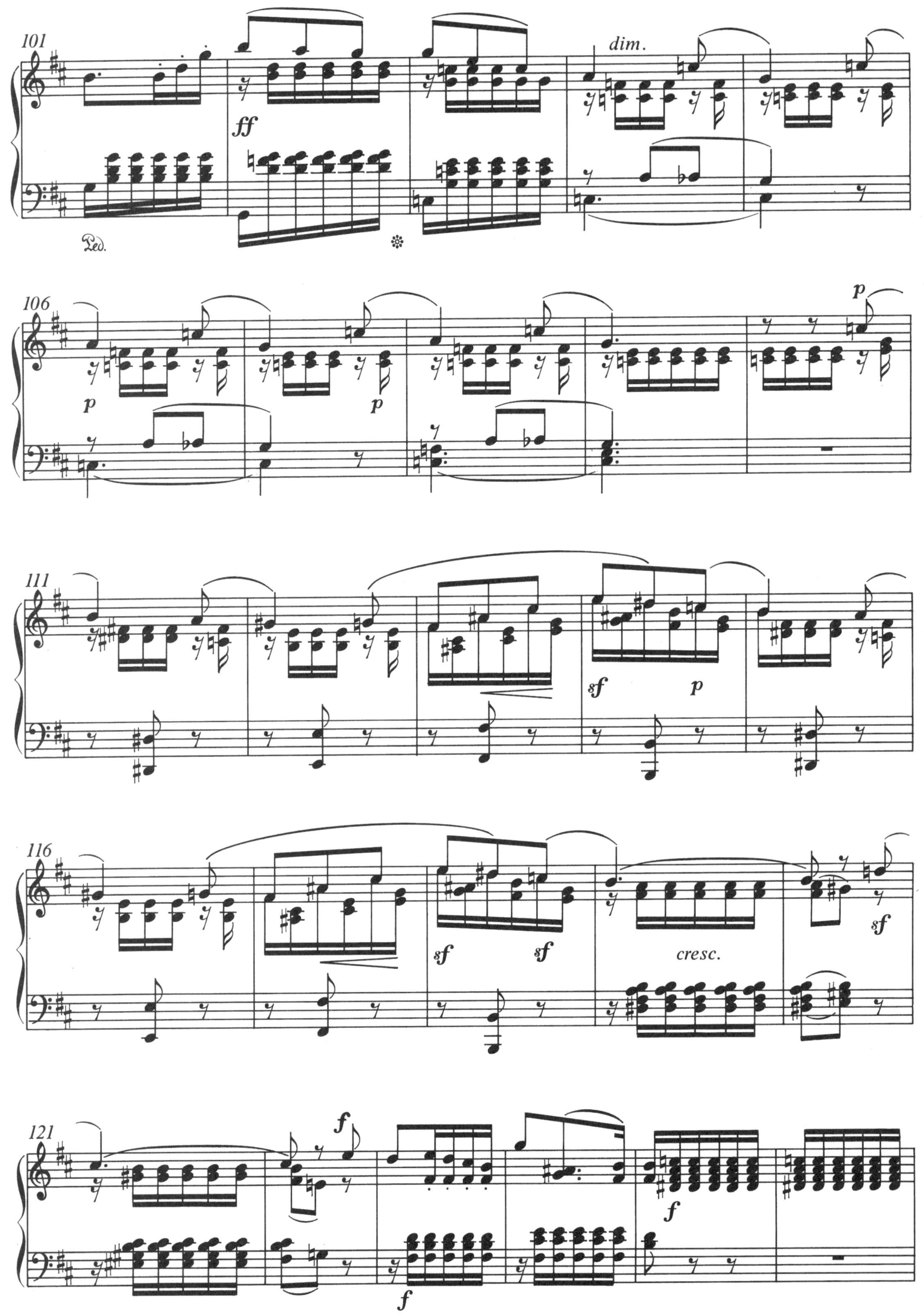
101
ff
dim.
Ped.
106
p
p
p
111
sf
p
116
sf
sf
cresc.
sf
121
f
f
f

127
ff
sf
sf
ff
sf
132
sf
ff
sf
137
p
p
f
142
dim.
p
147
sf
f
dim.

Rosa von Woringen zugeeignet

6 Lieder ohne Worte

Heft III, Op. 38

First publication: Bonn, 1837

Op. 38, No. 1

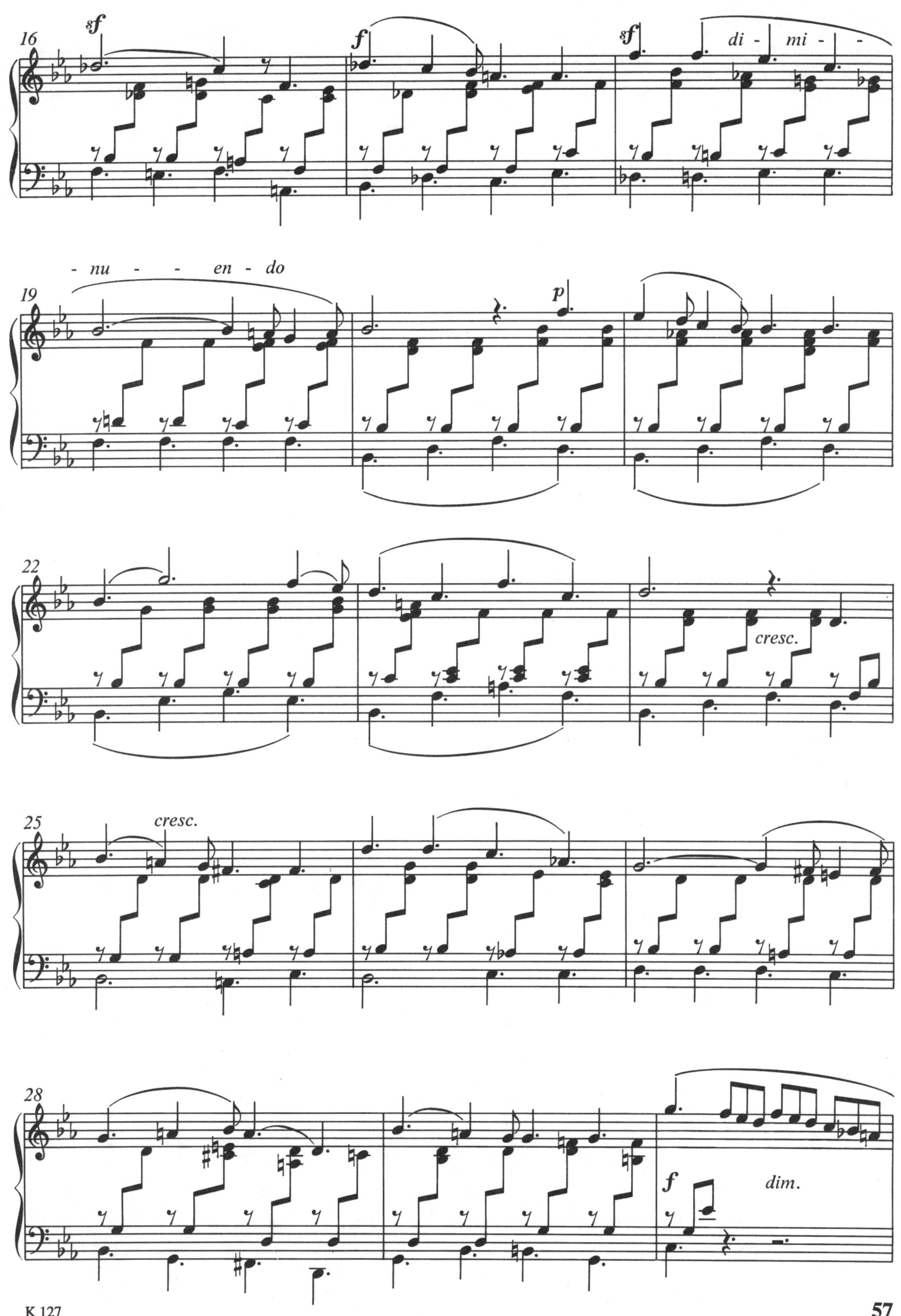
16
sf
f
sf
di - mi -
- nu - - en - do
19
p
22
cresc.
25
cresc.
28
f
dim.

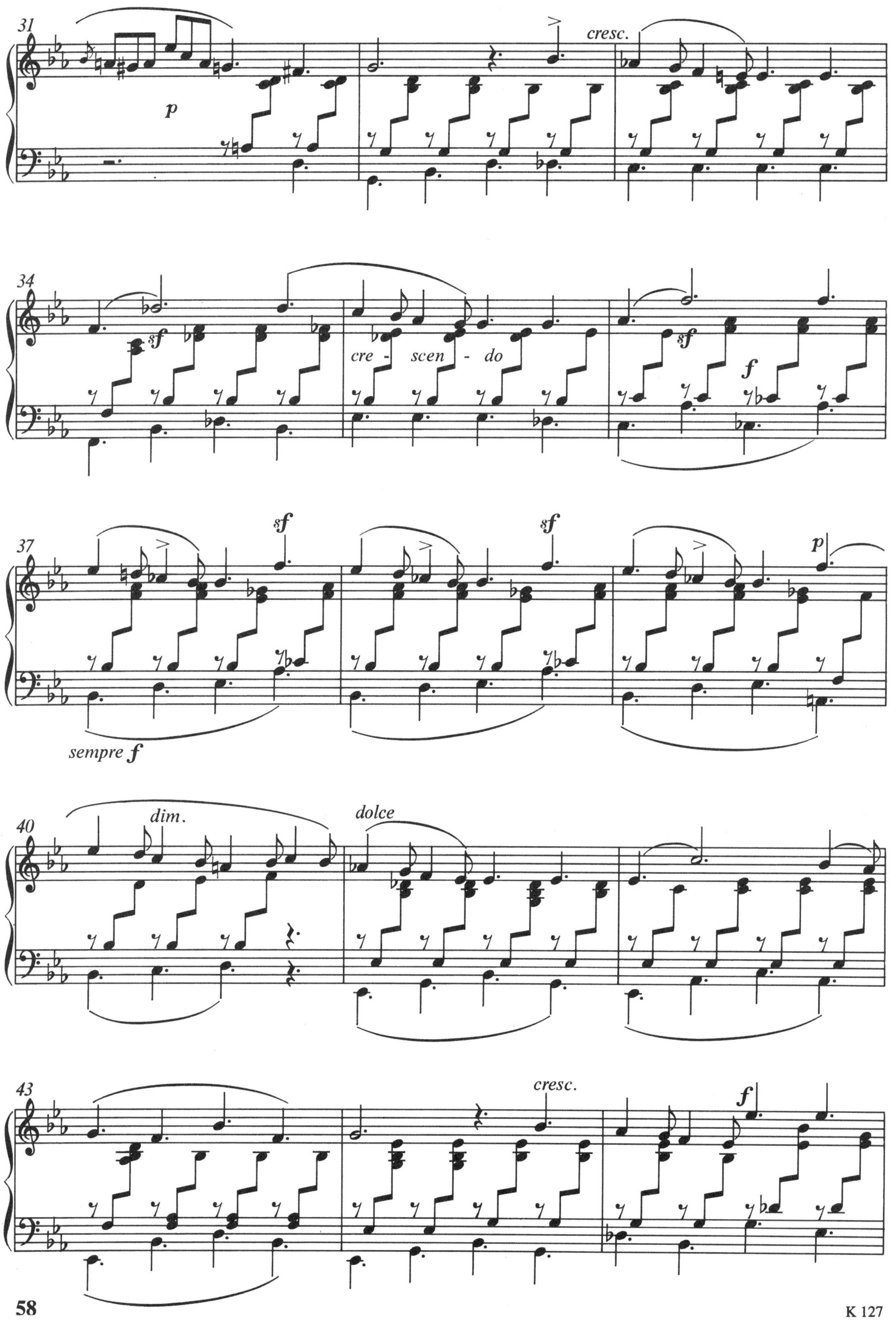
31
p
cresc.
34
sf
cre - scen - do
sf
f
37
sf
sf
p
sempre f
40
dim.
dolce
43
cresc.
f

46
sf
p
50
sf
p
53
f
dim.
p
56
dim.
60
p

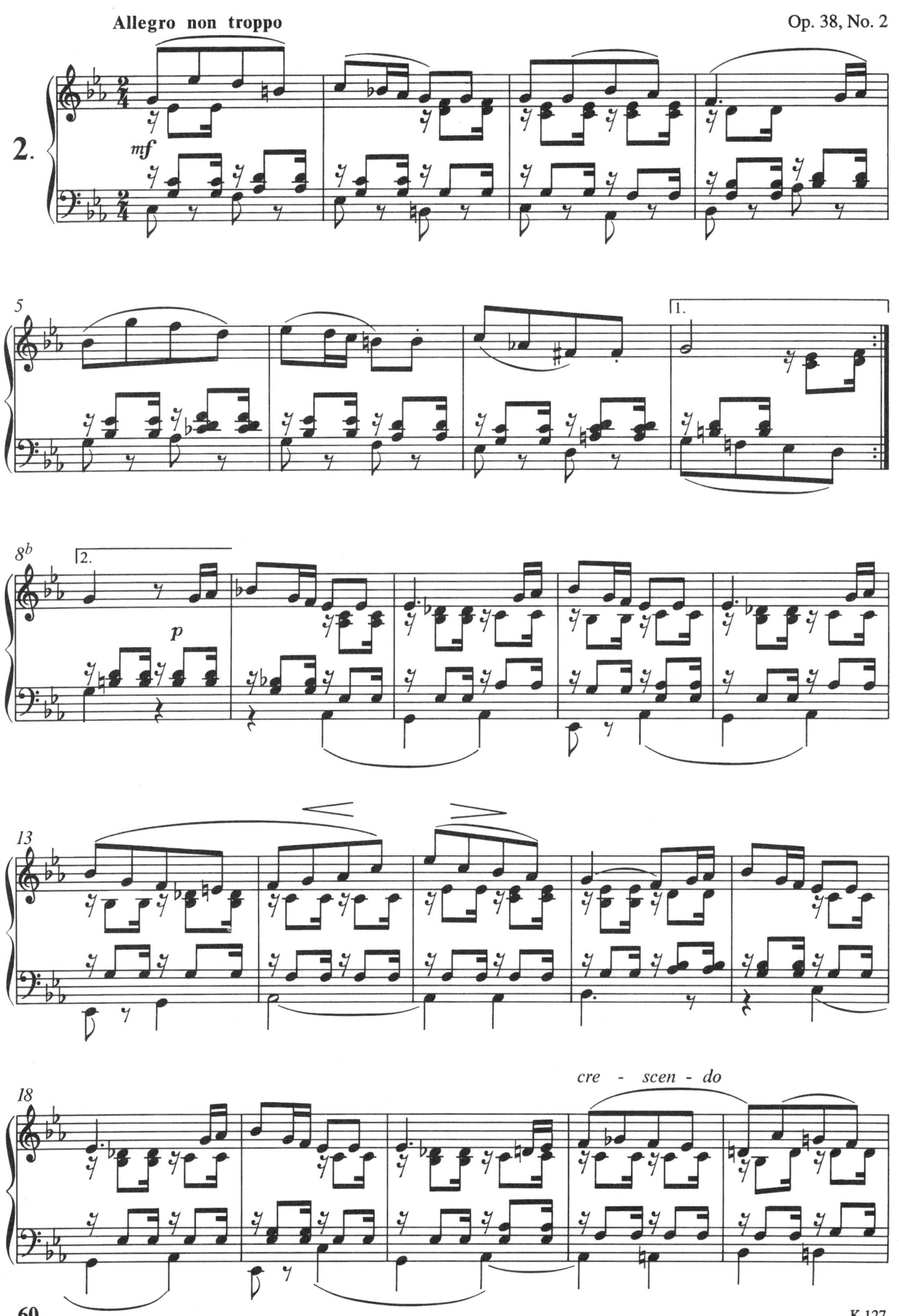
Allegro non troppo
Op. 38, No. 2
2.
mf
5
1.
8b
2.
p
13
18
cre - scen - do

f
p
cre - - -
scen - -
do

48
f
sf
sf
53
f
sf
sf
57
sf
sf
p
61
cresc.
66
f
dim.
p

Op. 38, No. 3

Presto e molto vivace
3.
6
p
cre
Ped.

3
scen
do
Ped.

5
ff
Ped.

7
p cantabile
Ped.

9
sf

11
sf
sf
13
15
p
Ped.
17
f
sf
19
f
sf
f

22
p
24
sf
26
f
sf
sf
28
f
sf
sf
30
più forte
cresc.
al
32
ff
Ped.

34
p
Ped.
cresc.
36
cresc.
38
40
cresc.
Ped.
42
f
cresc.
cresc. - - al -

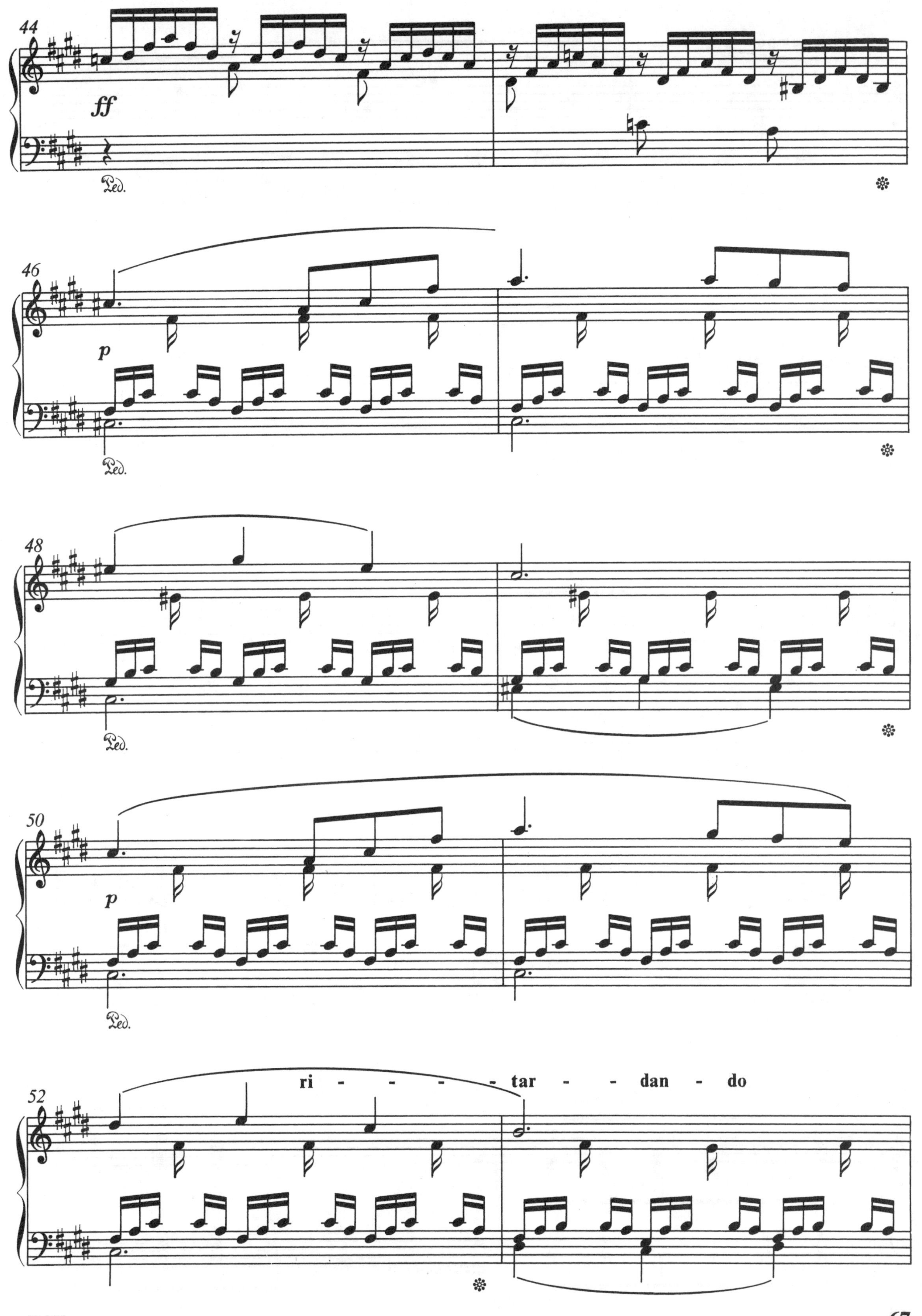
44
ff
Ped.
46
p
Ped.
48
Ped.
50
p
Ped.
52
ri - - - tar - - dan - do

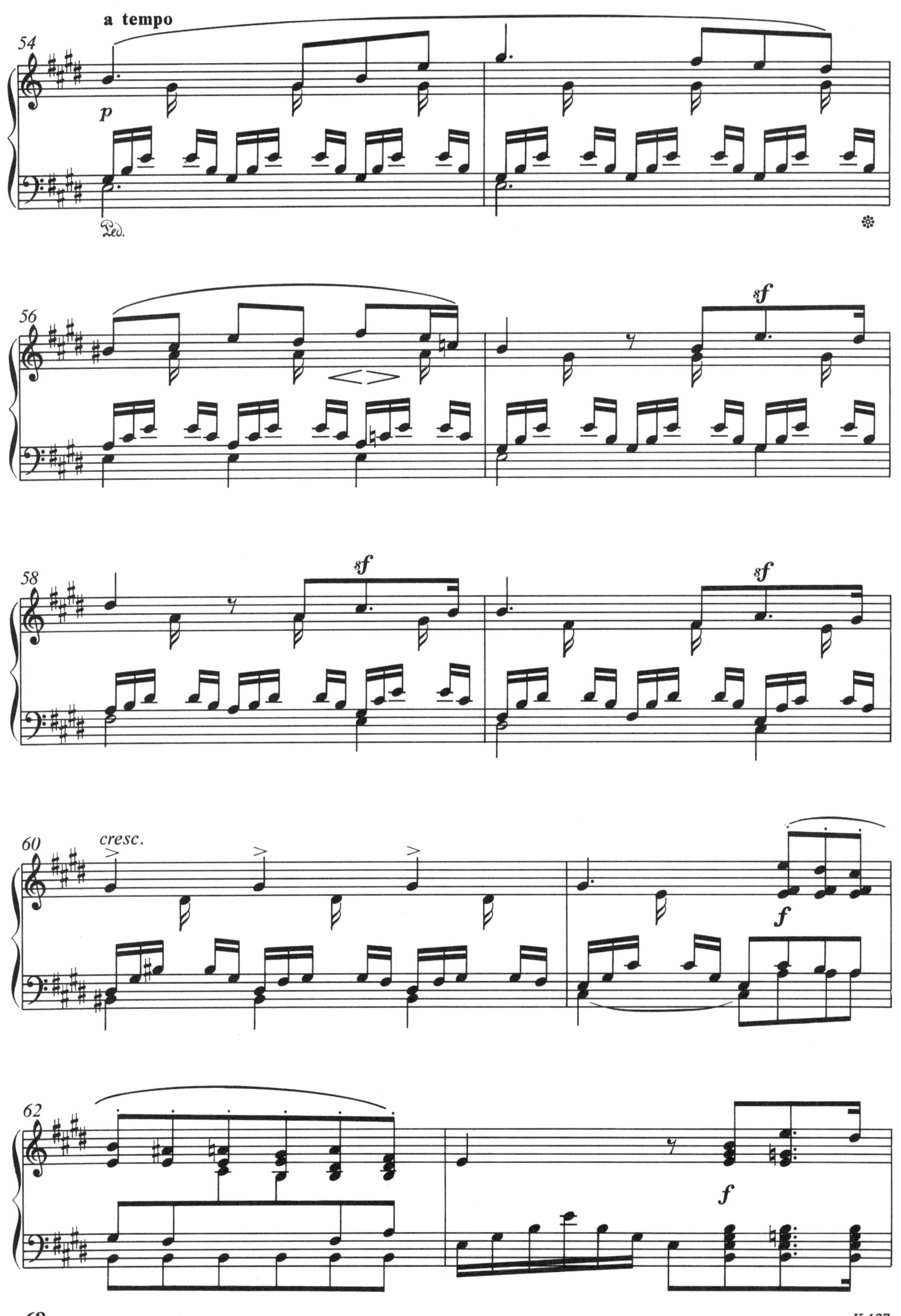
a tempo
54
p
Ped.
56
sf
58
sf
sf
60
cresc.
f
62
f

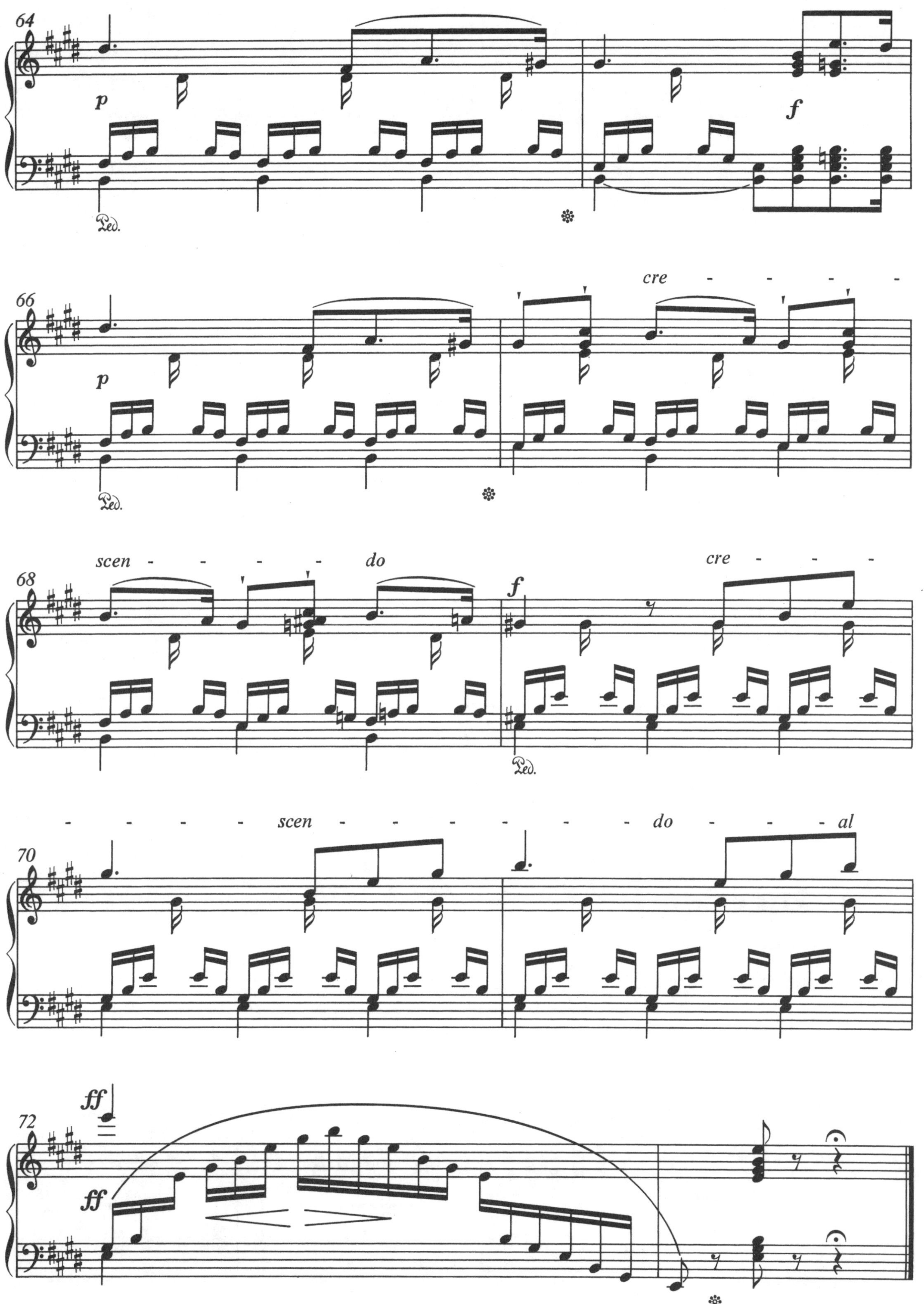
64
p
f
Ped.
66
p
cre - - - - -
Ped.
68
scen - - - - - do
cre - - - -
f
Ped.
70
- - - - - scen - - - - - - - do - - - al
72
ff
ff

Op. 38, No. 4

17
p
sf
mf
cre -
21
scen - do
al f
p
25
pp
sf
dim.
Ped.
27
dim.
p
Ped.
(28)
pp
Ped.

Op. 38, No. 5

5.

Agitato

p

sf

p

3

sf

f

sempre staccato

5

7

sf

sf

più

f

ff

9

fp

cresc.

11
f
dimi - - -
13
nuendo - - - - - p
fp
15
fp
f
p
fp
17
fp
dim.
p
staccato
19
sf

21
f
f
23
più f
25
f
27
cresc.
ff
29
sf
sf
sf
sf

31
leggiero
sf
sf
di -
mi - - - - nu - - - - en -
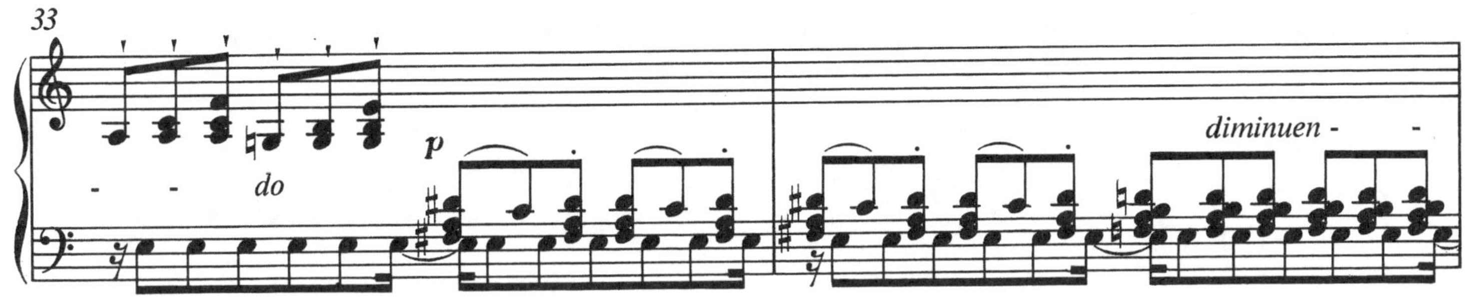
33
- - do
p
diminuen -

35
pp
- do
staccato

37
sf
cresc.

39
cresc.
p
p

41
fp
fp
f
43
cresc.
sf
sf
f
45
cresc.
f
p
sf
f
cresc.
(47)
sf
p
p
50
cresc.
52
f
f
dim.
sf

Duett ohne Worte

Op. 38, No. 6

cresc.
mf
sf
p
cresc.
mf
sf
p

21
sf
f
23
sf
sf
25
mf
27
cre - scen - do
sf
29
f
molto
cre -

31
scen - - do - - al - -
sf
sf
ff
sf
sf
33
35
sf
sf
37
diminuendo
sf
diminuendo
39
p
cre - -

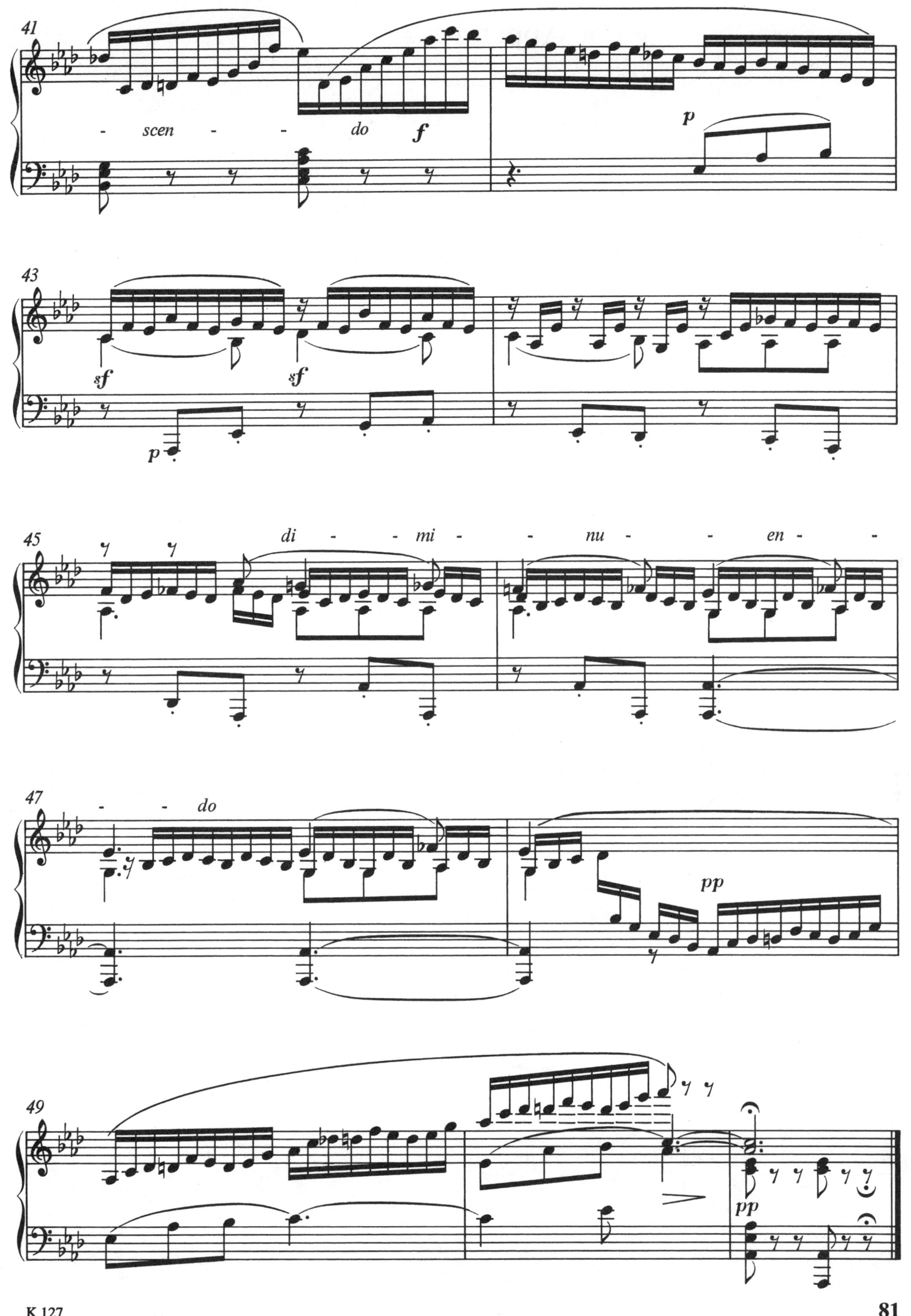
41
scen
do
f
p
43
sf
sf
p
45
di
mi
nu
en
47
do
pp
49
pp

Appendix 2

An Henriette Grabau
Lied ohne Worte
Op. 38, No. 2
Variant of AU2
29.Mar.1836, Frühfassung
Con moto
p
5
1.
8b
2.
12
16

21
cresc.
f
26
31
p
f
36
41
46
cresc.

51
f
sf
56
f
sf
61
p
66
dim.
71
p
pp

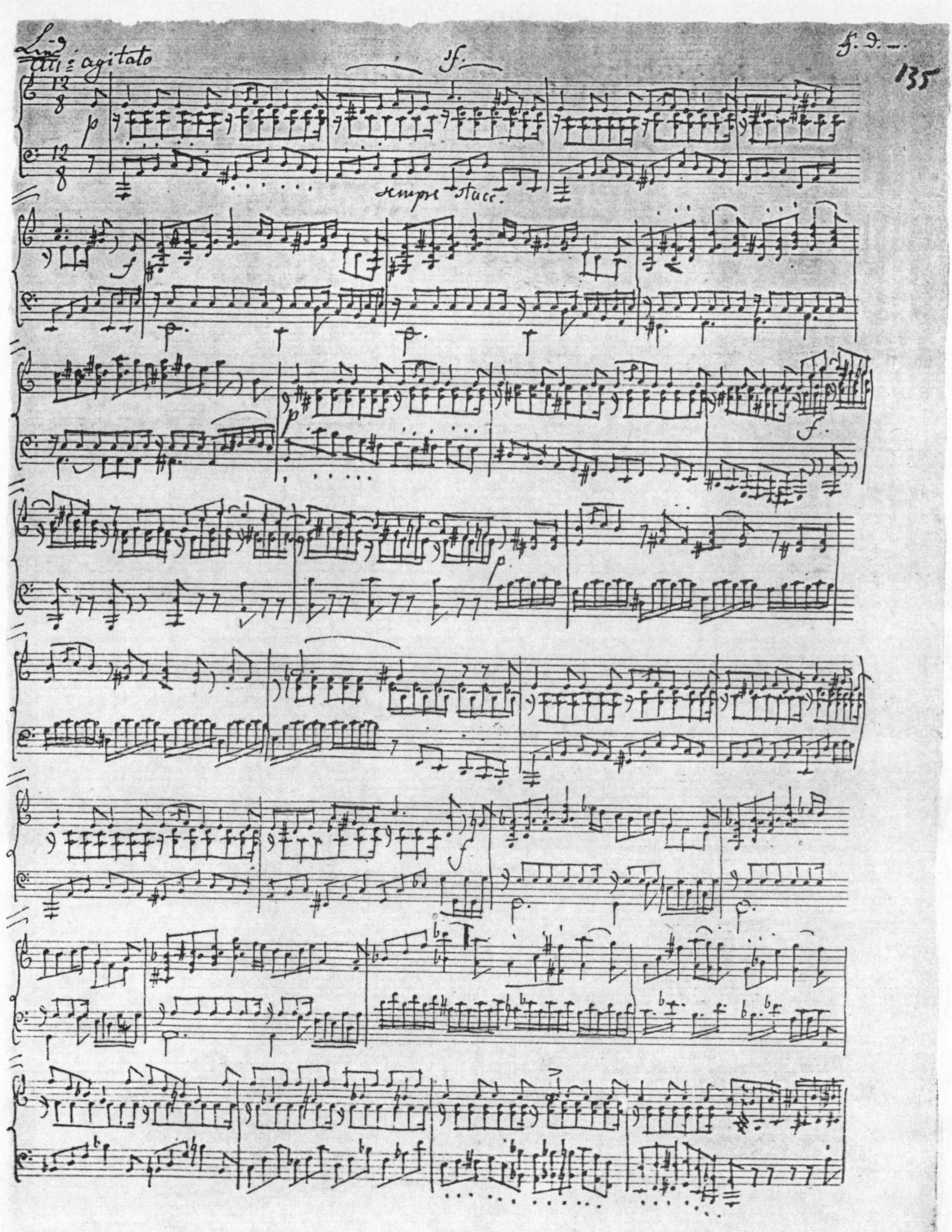

Lied ohne Worte, Op. 38, No. 5. Version of AU5.
SBPK, Mus. ms. autogr. F. Mendelssohn Bartholdy 29, p. 135.

Lied ohne Worte

Op. 38, No. 5
Variant of AU5
05.Apr.1837, Frühfassung

14
16
18
20
f
22
24

26
28
30
32
34
36
f
sf
p

dim.
sf
sf
di - - mi - - - -
- nu - - - - en -
do
p
dim.

50
52
dim.
54
56
58
60
sf
sf
p

The Critical Notes which belong to this Urtext edition are available at www.koenemann.com

H-1093 Budapest, Vámház krt. 5.
Responsible co-editor: Tamás Zászkaliczky
Engraved by Kottamester Bt., Budapest

K 127

Distributed worldwide by Tandem Verlag GmbH
Im Mühlenbruch 1, D-53639 Königswinter

Printed in EU

ISBN 3-8331-1340-5

IN DIESER REIHE ERSCHEINEN:
ADDITIONAL TITLES AVAILABLE IN THIS SERIES:
DANS CETTE SERIE:

Bach, J.S.:
Das wohltemperierte Klavier I
ISBN: 3-8331-1321-9
EAN: 9783 8331 13215

Mozart:
Sonaten I
ISBN: 3-8331-1343-X
EAN: 9783 8331 13437

Debussy:
Children's Corner & Individual Pieces
ISBN: 3-8331-1334-0
EAN: 9783 8331 13345

Bach, J.S.:
Das wohltemperierte Klavier II
ISBN: 3-8331-1322-7
EAN: 9783 8331 13222

Mozart:
Sonaten II
ISBN: 3-8331-1344-8
EAN: 9783 8331 13444

Beethoven:
Sonaten I
ISBN: 3-8331-1326-X
EAN: 9783 8331 13260

Bach, J.S.:
Englische Suiten
ISBN: 3-8331-1323-5
EAN: 9783 8331 13239

Mendelssohn-Bartholdy:
Lieder ohne Worte I
ISBN: 3-8331-1340-5
EAN: 9783 8331 13406

Beethoven:
Sonaten II
ISBN: 3-8331-1327-8
EAN: 9783 8331 13277

Bach, J.S.:
Französische Suiten
ISBN: 3-8331-1324-3
EAN: 9783 8331 13246

Mendelssohn-Bartholdy:
Lieder ohne Worte II
ISBN: 3-8331-1341-3
EAN: 9783 8331 13413

Beethoven:
Sonaten III
ISBN: 3-8331-1328-6
EAN: 9783 8331 13284

Bach, J.S.:
Inventionen, Sinfonien, kleine Präludien und Fughetten
ISBN: 3-8331-1325-1
EAN: 9783 8331 13253

Mendelssohn-Bartholdy:
Lieder ohne Worte III
ISBN: 3-8331-1342-1
EAN: 9783 8331 13420

Beethoven:
Sonaten IV
ISBN: 3-8331-1329-4
EAN: 9783 8331 13291

Chopin:
Études
ISBN: 3-8331-1330-8
EAN: 9783 8331 13307

Schumann:
Album f. d. Jugend /
Kinderszenen
ISBN: 3-8331-1348-0
EAN: 9783 8331 13482

Musorgsky:
Sämtliche Klavierwerke
ISBN: 3-8331-1345-6
EAN: 9783 8331 13451

Chopin:
Nocturnes
ISBN: 3-8331-1331-6
EAN: 9783 8331 13314

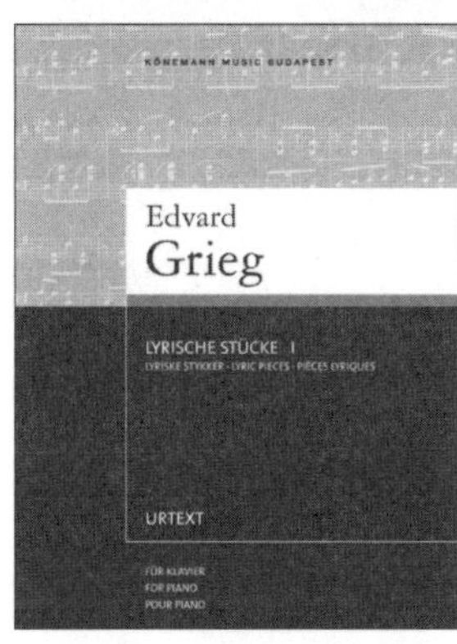

Grieg:
Lyrische Stücke I
ISBN: 3-8331-1337-5
EAN: 9783 8331 13376

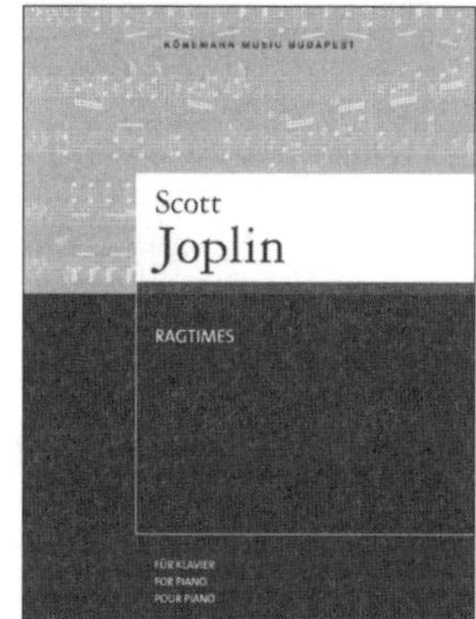

Joplin:
Ragtimes
ISBN: 3-8331-1339-1
EAN: 9783 8331 13390

Chopin:
Valses
ISBN: 3-8331-1332-4
EAN: 9783 8331 13321

Grieg:
Lyrische Stücke II
ISBN: 3-8331-1338-3
EAN: 9783 8331 13383

Spirituals
ISBN: 3-8331-1349-9
EAN: 9783 8331 13499

Schubert:
Klavierstücke,
Impromptus,
Moments musicaux
ISBN: 3-8331-1347-2
EAN: 9783 8331 13475

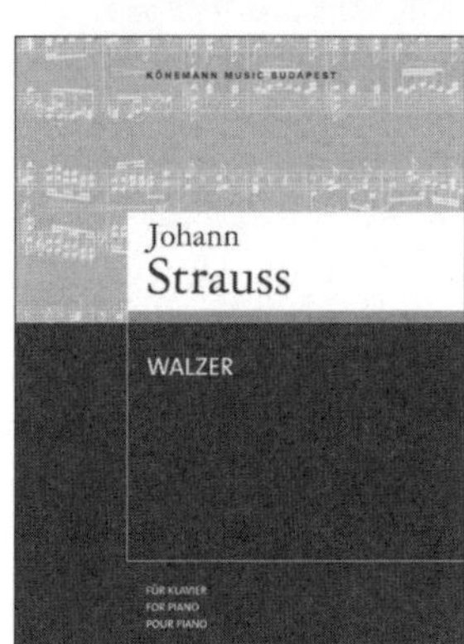

Strauss:
Walzer
ISBN: 3-8331-1351-0
EAN: 9783 8331 13512

Alte Tänze
ISBN: 3-8331-1350-2
EAN: 9783 8331 13505

KÖNEMANN MUSIC BUDAPEST

DISTRIBUTED WORLDWIDE BY
TANDEM VERLAG GMBH · IM MÜHLENBRUCH 1 · D-53639 KÖNIGSWINTER